Deutsche Kriegsschriften
21. Heft

Die Privatbeamtenpolitik nach dem Kriege

(Ein Vorschlag zur Neugruppierung der Angestelltenverbände)

Von

Dr. Curt Köhler
Vorsitzender der Verwaltung des 1858er Kaufm. Vereines, Hamburg

A. Marcus & E. Webers Verlag (Dr. jur. Albert Ahn) in Bonn

Die Privatbeamtenpolitik nach dem Kriege

(Ein Vorschlag zur Neugruppierung der Angestelltenverbände)

Von

Dr. Curt Köhler

Vorsitzender der Verwaltung des 1858er Kaufm. Vereines,
Hamburg.

1916

A. Marcus & E. Webers Verlag (Dr. jur. Albert Ahn) in Bonn

Druck: Otto Wigand'sche Buchdruckerei G. m. b. H., Leipzig.

Inhalt.

Der Ausbruch des Krieges im August 1914 hatte, wie das deutsche Volk überhaupt, auch die Privatbeamten-Verbände plötzlich vor eine neue, nicht übersehbare Lage gestellt. Nach einiger Zeit des Schwankens hat aber die Verbandspolitik ebenso wie das Wirtschaftsleben sich mit den neuen Verhältnissen abgefunden und sich in sie geschickt. Da niemand einen langen Krieg erwartete, wurden Befürchtungen über die Unmöglichkeit des finanziellen Durchhaltens kaum gehegt. Die Kriegslage entwickelte sich dann aber anders. Es war klar, daß eine Verschiebung des Betriebes eintreten mußte. So ruhte die organisatorische Kleinarbeit; nach einem Ansturm auf die Stellenvermittlungen, die Arbeitsgelegenheit beschaffen sollten, flaute dann aber langsam die Tätigkeit ab. Sozialpolitische Bestrebungen waren im wesentlichen unmöglich, es sei denn, daß Kriegsmaßnahmen durchgesetzt werden mußten. Insbesondere ergab sich die Notwendigkeit der Abänderung des Versicherungsgesetzes für Angestellte, bei dessen ganzem Zuschnitt ein etwaiger Krieg nicht berücksichtigt worden war. Für die Handlungsgehilfen wurde noch die Abänderung der Konkurrenzklausel-Gesetzgebung beantragt, damit Ungerechtigkeiten auf diesem Gebiete vermieden wurden. Die gesamte Tätigkeit der Verbände wandte sich der Unterstützungsarbeit zu und fand da auch alle Hände voll zu tun.

Bemerkenswert ist, daß am Tage der Mobilmachung der Verein für Handlungs-Commis von 1858 (Kaufmännischer Verein) in Hamburg als erster einen Aufruf erließ, um mit Hilfe der Vereinsmitglieder und der Freunde des Vereins eine Kriegs-Unterstützungskasse ins Leben zu rufen. Er fand dafür ein Beispiel in den Geschehnissen des Krieges von 1870/71. Ihm folgten fast alle übrigen Verbände. Es besteht kein Zweifel, daß die Hilfstätigkeit der Organisationen dringend notwendig war und daß sie außerordentlich segensreich wirken konnte. Es handelt sich um Millionen Mark, die hier im Wege der privaten Unterstützung den organisierten Privatbeamten oder ihren Familien zufließen. Sicher eine Unterstützung, die bei der Durchführung des Krieges in ihrer moralischen Wirkung nicht unterschätzt werden darf. Die Auszahlungen aus Stellenlosenkassen, die vor dem Kriege wohl bei allen großen Verbänden eingeführt waren, erreichten, da der Krieg ungeheure Anforderungen an die wehrfähigen Bürger des Deutschen Reiches stellte, und der Arbeitsmarkt durch die rasch erfolgenden Einberufungen zur Fahne entlastet wurde, nicht die Summen, die anfangs wohl von den Verbandsleitungen bezahlt und als dauernd zu zahlen befürchtet wurden. Im Gegenteil, die Auszahlungen wurden außerordentlich gering, ein Beweis dafür, daß von einer anhaltenden Arbeitslosigkeit nicht gesprochen werden kann. Es ist zu hoffen, daß die soziale Unterstützungstätigkeit der Verbände dem Organisationsleben nach dem Kriege wesentlich zugute kommt, da viele nicht nur die Bereitschaft, sondern auch die Zweckmäßigkeit der Organisation eingesehen haben. Freilich die finanziellen Verhältnisse der Verbände sind durch den langen Krieg wesentlich schlechter geworden. Das Vereinsvermögen der großen Organisationen ist zwar vielfach beträchtlich; es ist aber fast immer für bestimmte

Aufgaben angesammelt, so daß von verfügbaren großen Mitteln kaum gesprochen werden kann. Im allgemeinen ist die Finanzpolitik der Verbände bisher auch nicht darauf ausgegangen, große Sicherheitsreserven anzusammeln. Der scharfe Konkurrenzkampf untereinander, die dauernde Steigerung der Leistungen hat die Einnahmen aufgebraucht, so daß Rücklagen nicht gemacht werden konnten. Bei einer Anzahl von Verbänden reichten die durch den Krieg verminderten Einnahmen nicht aus, um die satzungsgemäßen Leistungen zu erfüllen. Ein Teil dieser Organisationen war deshalb gezwungen, wesentliche Einschränkungen der Leistungen vorzunehmen; einige stellten dieselben vollkommen ein, um wenigstens die Organisation selbst über den Krieg hinüberzuretten. Wie beträchtlich die Ausfälle an Einnahmen bei den großen Organisationen sind, mag der hier als Beispiel anzuführende 58er Verein Hamburg, zeigen, bei dem 1916 der Ausfall fast eine Million Mark beträgt. Bei den übrigen Verbänden wird sich entsprechend der Zahl der eingezogenen Mitglieder das Verhältnis ähnlich gestalten. Man darf annehmen, daß im Durchschnitt jetzt wohl rund 60 Prozent der Mitglieder der einzelnen Verbände unter den Fahnen stehen, so daß der Ausfall an Einnahmen ohne weiteres zu erklären ist. Daß diese Lage den Organisationen ernste Schwierigkeiten schafft, darf nicht geleugnet werden. Je länger der Krieg sich hinzieht, desto schwieriger wird es, die Organisationen über den Krieg hinaus zu erhalten. Die Ersparnisse an Ausgaben, die gemacht werden können, sind nicht allzu groß, da wenigstens bei den großen Verbänden die allgemeinen Verwaltungskosten nicht viel geringer wurden. Es versteht sich dies insbesondere deshalb, weil die Tätigkeit der Verbände infolge ihrer sozialen Kriegshilfe sich vielfach gesteigert hat. Daß die Gesamtheit dieser Verhältnisse die Verbände in ihrer Stellung zueinander beeinflussen wird, ist zweifellos. Nach dem Kriege wird die Lust am Streite gegeneinander vergangen sein, da die Mittel zur Durchführung des Konkurrenzkampfes nur in beschränktem Umfange gleich wieder zur Verfügung stehen werden. Abgesehen aber von diesen inneren Schwierigkeiten bleiben selbstverständlich auch die Privatbeamten aller Richtungen von der allgemeinen Stimmung des deutschen Volkes nicht unberührt, die dem Kampf in den eigenen Reihen nicht förderlich ist. Das große Erlebnis der kriegerischen Abwehr so vieler Feinde wird auch in den Herzen der organisierten Privatbeamten haften bleiben; die Bruderkämpfe werden als überflüssiges Beiwerk des Organisationslebens empfunden werden. Der Burgfriede findet zweifellos hier besonders guten Boden, da schon immer Klagen über die Unzweckmäßigkeit der gegenseitigen Befehdung laut geworden waren. In den letzten Jahren hat sich auch das gemeinsame Standesgefühl in erhöhtem Maße entwickelt, das natürlich die scharfe Konkurrenz untereinander nur ungern dulden wollte. Bei den kaufmännischen Verbänden war der Wille zum gegenseitigen Verstehen am machtvollsten geworden, so daß schon vor dem Kriege in diesen Kreisen Friedensbestrebungen die Oberhand gewonnen hatten.

Die wirtschaftliche Lage der Angestellten.

Die wirtschaftliche Lage der Privatbeamten bei Ausbruch des Krieges und während desselben ist auch nicht dazu angetan, die im Organisationsleben vorhandenen Kräfte zukünftig im inneren Wettstreit zu verbrauchen. Handlungsgehilfen und

Techniker, ebensogut wie Bureauangestellte und die übrigen Angestellten erlebten bei Ausbruch des Krieges eine Unsicherheit ihrer wirtschaftlichen Existenz, die vielen unvergeßlich bleiben wird. Der plötzliche Ausbruch des Krieges, die vielen Feinde Deutschlands, die dadurch bedingte unsichere Aussicht für die Zukunft, veranlaßten Handel und Industrie, ziemlich rücksichtslos vorzugehen. Der Kündigungstermin Mitte August 1914 wurde schlechthin als der „schwarze Tag" der Privatbeamten bezeichnet. Viele Geschäfte entledigten sich ihrer bisherigen Mitarbeiter, und diese waren vor eine durchaus unübersehbare wirtschaftliche Situation gestellt. Daß später die Entlassungen vielfach zurückgenommen wurden, ist zuzugeben. Immerhin hat wochenlang der Druck, stellenlos zu werden, auf das Seelenleben der Privatbeamten Einfluß ausgeübt. Manche Firmen behielten dann zwar ihre bisherigen Mitarbeiter, diese mußten sich aber bedeutende Gehaltsherabsetzungen gefallen lassen und, sofern sie nicht eingezogen wurden, teilweise ziemlich lange mit einer niedrigeren Entlohnung zufrieden sein. Der Verein für Handlungs-Commis von 1858 (Kaufmännischer Verein) hat in Hamburg, wo fast ein Viertel seiner Mitglieder ansässig ist, eine Erhebung veranstaltet, die die einzige ihrer Art geblieben ist. Der Verein suchte die Einwirkung des Krieges auf die Anstellungs-, Entgelts- und Kündigungs-Verhältnisse zu erforschen. Von den ausgesandten Fragebogen gingen im ganzen 3817 ausgefüllt ein. Die Bearbeitung dieses gewiß nicht allzugroßen Materials, das aber doch eine ungefähre Stichprobe erbringt, ergab, daß

207 Handlungsgehilfen schon vor Kriegsausbruch stellenlos waren,

528 wurden es während der Mobilmachung,

794 erhielten ihre Kündigung zum 30. September 1914 und

2288 der Antwortenden verblieben zunächst noch in ungekündigter Stellung.

Doch mußten sich von diesen letzteren 1018 eine Gehaltsverminderung gefallen lassen, und zwar

280 eine solche bis zu 25 v. H.,

298 eine solche bis zu $33^1/_3$ v. H.,

412 eine solche bis zu 50 v. H. und

28 (zumeist Provisionsreisende) eine solche sogar von mehr als 50 v. H. des bisherigen Entgelts.

Also nur 1270 der antwortenden Handlungsgehilfen blieben in ihrer bisherigen Stellung. Es darf angenommen werden, daß dieses zweifellos sehr ungünstige Bild sich auch bei den übrigen Klassen der Privatbeamten wiederholte. Da im allgemeinen das Einkommen des Privatbeamten vor dem Kriege durchschnittlich 2000 Mark betrug, konnten viele Ersparnisse vorher auch nicht gemacht werden, so daß die Lage der Familien nach der Einziehung des Mannes vielfach keine beneidenswerte werden mußte.

Diese Verhältnisse führe ich nur an, weil sie sicherlich bei der zukünftigen Gestaltung der Angestelltenpolitik von Einfluß sein werden. Die lange Dauer des Krieges hat auch viele Familien, die anfänglich noch ohne besondere Schwierigkeiten durchkommen konnten, jetzt in wirtschaftliche Not gebracht. Gewiß haben viele Firmen, ohne Zweifel sogar mehr als angenommen werden konnte, das ihrige getan, um das Durchhalten zu erleichtern. Man darf aber nicht vergessen, daß die Familien des Privatbeamten unter anderen Voraussetzungen lebten, und daher auch mehr leiden als die des Arbeiters oder die eines anderen Berufsangehörigen. Die laufenden Verpflichtungen an Miete, Schulgeld, Versicherungen, Kleidung usw. werden nicht sofort aufgehoben. Die staatlichen Unterstützungen der Familien sind aber verhältnismäßig gering, da sie auf die Allgemeinheit zugeschnitten sind. Die Lösung der laufenden Verträge ist nicht immer möglich gewesen, so daß sich tatsächlich eine Notlage einstellen mußte, die auch durch das Eingreifen der Organisationen nicht immer gemildert werden konnte. Daß sich dadurch eine gewisse Verschärfung der Anschauungen ergeben hat, ist nicht abzuleugnen. Die Organisationen werden jedenfalls mit dieser Stimmung, die ihnen aus Feldpostbriefen bekannt ist, auch nach dem Kriege zu rechnen haben. Die durch die wirtschaftlichen Erdrosselungsversuche Englands verursachte Teuerung der notwendigen Lebensmittel hat auch das ihrige dazu beigetragen, um eine radikalere Stimmung aufkommen zu lassen.

Wirtschaftliche Aussichten.

Die wirtschaftlichen Aussichten nach dem Kriege sind nicht dazu angetan, ein schnelles Abflauen dieser Stimmung zu erwarten. Trotz der Voraussetzung, daß wir uns einen einigermaßen erfolgreichen Frieden erkämpfen können, wird doch zunächst mit der Fortdauer der ungünstigen Lage zu rechnen sein. Das Reich, die Einzelstaaten und die Gemeinden werden mit neuen Steuern kommen müssen, um die Kriegsausgaben auch nur verzinsen zu können. Eine Entspannung der Lebensmittelpreise wird äußerst langsam vor sich gehen; ja, es ist wohl zu befürchten, daß überhaupt der frühere, freilich an sich schon hohe Preisstand der Lebensmittel, nicht wieder erreicht werden wird. Hinzu kommt — was wohl mit Sicherheit eintreten dürfte — eine Verteuerung der Wohnungen. Schon vor dem Kriege war ein Mangel an Kleinwohnungen vorhanden; mehrere Jahre hindurch und während des Krieges hat das Bauhandwerk fast ganz geruht, viele Familien, die früher größere Wohnungen haben bewohnen können, werden sich mit kleineren Wohnungen abzufinden suchen; die vielen Kriegsgetrauten wünschen nach dem Kriege ein eigenes Heim zu errichten. Durch die fünfprozentigen Kriegsanleihen wird eine Erhöhung der Hypothekzinsen eintreten, und die Grundbesitzer werden die Ausfälle an Mieten während des Krieges wieder einzuholen suchen: Gründe genug, mit der sicheren Erhöhung der Wohnungsmieten zu rechnen. Die Privatbeamten sind außerstande, den Teuerungsverhältnissen ihrerseits irgendwie Einhalt zu gebieten. Auch die Organisationen sind machtlos. Der erfolgreiche Zusammenschluß der Verbraucher zwecks Gestaltung der Preispolitik ist vorläufig noch aussichtslos. Handel und Industrie werden vielfach die Lasten abzuwälzen vermögen, *während die Festentlohnten die Kosten dieser Wirtschaftslage zu tragen haben werden.* Der individuelle Anstellungsvertrag, der im Privatbeamtenstande Geltung besitzt, verhindert die restlose Durchsetzung der Gehaltswünsche des einzelnen. Zweifellos haben in dieser Beziehung die großen Verbände wesentliche Erfolge erzielt insofern, als durch ergebnisreiche Rundschreiben an Generalkommandos, Einzelfirmen und Verbände auf Gewährung von Teuerungszulagen gedrungen wurde. Während des Krieges war eine solche Politik mit Aussicht auf Erfolg zu führen, weil die Arbeitskräfte mangelten, somit die Unternehmer und Prinzipale bereit sein mußten, höheren Gehaltsforderungen zu entsprechen. Ob dies im einzelnen Fall immer nach dem Krieg, wo wieder mehr Arbeitskräfte zur Verfügung stehen, gelingen wird, ist zu bezweifeln. Die Arbeiterschaft steht sich in dieser Beziehung bedeutend besser. Ihre gleichförmige Masse, in großen finanziell seit Jahren mehr oder weniger gerüsteten Organisationen einheitlich zusammengefaßt, wird eher in der Lage sein, Lohnerhöhungen zu erkämpfen. Durch die enormen Verluste des Krieges wird eine gesteigerte Nachfrage nach Arbeitern vorhanden sein, die höhere Löhne zur Folge haben wird. Die Verluste der Angestellten sind zweifellos ebenfalls hoch. Bei der Beurteilung dieser Verhältnisse kommen aber diese vielfach nicht in Frage, beim Handlungsgehilfen insbesondere deshalb nicht, weil sicher viele neue Kräfte im Handelsgewerbe Unterkunft suchen und finden werden, bei den Technikern, weil wahrscheinlich die Industrie eine Zeitlang nach Friedensschluß nicht gleich einen erhöhten Bedarf an Hilfskräften nötig haben wird. Außerdem spielt bei den Privatbeamten die Frauenarbeit eine größere Rolle, insbesondere für den Handlungsgehilfenstand, als bei den Arbeitern. Erleben wir es schon während des Krieges, daß auch der Kleinkaufmann und der kleine Handwerker Teuerungspreise auf ihre Kundschaft abwälzen können, so wird dies auch nach dem Kriege so bleiben. Der Angestellte aber ist hilflos in diese wirtschaftliche Entwicklung hineingestellt und muß eben sehen, daß er durchkommt.

Aber auch auf diese Verhältnisse mache ich nur aufmerksam, weil sie zweifellos von hoher Bedeutung für die gesamte Angestelltenschaft sein und die Politik der Verbände berühren werden. Die besonders fühlbar werdende schlechte wirtschaftliche Lage aller Privatbeamten wird die Richtung der Politik einheitlich nach Durchsetzung wirtschaftlicher Verbesserungen viel mehr noch als bisher beeinflussen. *Ein gemeinsames Handeln wird in erhöhtem Maße verlangt werden*, da der einzelne Verband natürlich eine geringere Macht darstellt, als die Gesamtheit oder als der Zusammenschluß eines Teiles der Verbände.

Vereinheitlichungsversuche.

So drängen die Verhältnisse an sich schon, die vorhandenen Bestrebungen nach gemeinsamer Arbeit zu Ende zu führen. Ich hatte schon eingangs darauf aufmerksam gemacht, daß bei den Handlungsgehilfen das Streben nach Frieden und gemeinsamer Arbeit lange vor dem Kriege spürbar war. Der Verschmelzungsversuch des Verbandes Deutscher Handlungsgehilfen (Leipzig) mit dem Deutschnationalen Handlungsgehilfen Verbande in Hamburg machte den Anfang. Auf jeden Fall ist trotz diesem mißlungenen Schritte das Einheitsverlangen unter den kaufmännischen Angestellten im allgemeinen gefördert worden. Zur Fusionierung der Verbände war wohl im Jahre 1908 die Zeit noch nicht reif, außerdem waren die Gegensätze zwischen diesen beiden Verbänden zu unausgeglichen. Durch die Ende des Jahres 1912 geschaffene „Soziale Arbeitsgemeinschaft der kaufmännischen Verbände" fanden die Friedensbestrebungen neue Nahrung. In der Sozialen Arbeitsgemeinschaft schlossen sich zusammen der Verein für Handlungs-Commis von 1858 (Kaufmännischer Verein) in Hamburg, der Verband Deutscher Handlungsgehilfen zu Leipzig und der Deutsche Verband Kaufmännischer Vereine in Frankfurt a. M. mit insgesamt über 300 000 Mitgliedern. Es ist selbstverständlich, daß jeder der beteiligten Verbände zunächst unter sich jede unfreundliche Behandlung der Angelegenheiten der anderen ausschloß. Die Erörterung abweichender Meinungen über Standesfragen sollte nicht unterbunden werden, sie sollte aber in Formen gehalten sein, wie sie sich bei gegenseitiger Achtung und dem Willen zur Verständigung von selbst ergeben. Die beteiligten Verbände handeln grundsätzlich in gegenwärtigen und künftigen Fragen der kaufmännischen Sozialpolitik, in denen

Übereinstimmung besteht oder herbeigeführt werden kann, gemeinsam. Andere kaufmännische Verbände können in geeigneten Fällen eingeladen werden, sich solchem gemeinsamen Vorgehen anzuschließen. Bestimmte Abmachungen regeln die Möglichkeit, daß ein Verband auch allein handeln kann. In öffentlichen Kundgebungen, Flugblättern usw., soll auf das freundschaftliche Verhältnis der Verbände Rücksicht genommen werden. Ebenso sind feste Abmachungen über das Verhalten bei standespolitischen Wahlen getroffen worden. Endlich sind über den Betrieb der Stellennachweise der Verbände bindende Abmachungen erfolgt. Als Richtschnur gilt, gleiche Grundsätze für die Behandlung der Vermittlung aufzustellen und sich zum Nutzen der stellensuchenden Mitglieder gegenseitig zu unterstützen. Dabei haben die Verbände beschlossen, offene Stellen, die sie nicht selbst besetzen konnten, miteinander auszutauschen. Als gemeinsame Grundsätze für die Stellenvermittlung haben die Verbände unter anderem vereinbart, daß Stellen nur vermittelt werden, wenn das Gehalt für Bewerber, die das 18. Lebensjahr vollendet haben, mindestens 960 Mark, bei freier Station mindestens 360 Mark beträgt; in Städten mit mehr als 100 000 Einwohnern soll als Mindestforderung 1080 Mark, bei Bewerbern, die über 20 Jahre alt sind, 1200 Mark festgehalten werden. Bis zum vollendeten 18. Lebensjahr ist es zulässig, Stellen zu vermitteln, für die das Gehalt allgemein mindestens 900 Mark beträgt. Es sei hier bemerkt, daß durch die Schaffung der Sozialen Arbeitsgemeinschaft eine bestimmte Gruppe von Verbänden eine reinliche Scheidung der Privatbeamtenbewegung sich anbahnen sah. Ich muß später noch auf diese Verhältnisse des näheren eingehen. Hier sei auf die Tatsache aufmerksam gemacht, daß schon vor Kriegsbeginn durch den Zusammenschluß der genannten Verbände eine Klärung der organisatorisch-politischen Richtungen innerhalb der Privatbeamtenschaft als eingetreten erwartet wurde. Zugleich aber entstand leider mit der Schaffung der Sozialen Arbeitsgemeinschaft auch ein neuer heftiger Kampf unter den kaufmännischen Verbänden. Der Deutschnationale Handlungsgehilfen-Verband wehrte sich gegen diese Koalition, die ihn zunächst von der gemeinsamen Standesarbeit auszuschließen schien. Die Soziale Arbeitsgemeinschaft hatte übrigens zum Ausdruck gebracht, daß ein gegensätzliches Verhalten zu den übrigen Verbänden nicht beabsichtigt sei; sie hatte im Gegenteil die Erweiterung durch Hinzutritt anderer Verbände ausdrücklich offen gehalten. Wenn die Vergrößerung oder der Anschluß anderer Verbände nicht gelang oder versucht wurde, so lag dies wohl zunächst auch nicht in den Absichten der in der Sozialen Arbeitsgemeinschaft zusammengeschlossenen Vereine, die die gemeinsame Arbeit erst selbst einmal erproben mußten.

Auch die Techniker-Verbände waren vor dem Kriege zu einer umfassenden gemeinsamen Arbeit nicht gekommen, wohl aber hatten sich Gruppen derselben ohne Berücksichtigung der Organisationsgrundlage zur Durchsetzung besonderer Ziele zusammengefunden. Ich erinnere hier nur an die „Freie Vereinigung für die soziale Versicherung der Privatangestellten", ferner an die „Arbeitsgemeinschaft für das einheitliche Angestelltenrecht". Immer war aber in diesen Ausschüssen nur ein Teil der Technikerverbände allein oder mit anderen Verbänden zu gemeinsamer, abgegrenzter Zweckarbeit vereinigt. Eine einheitliche Zusammenfassung aller Privatbeamtenverbände vor dem Kriege ist eine Zeitlang nur im „Hauptausschuß für die staatliche Pensionsversicherung der Privatangestellten" möglich gewesen. Als der Hauptausschuß, der zuletzt wenigstens noch die überwiegende Mehrzahl der Verbände umfaßte, sich, nachdem das Gesetz geschaffen war, verlängern wollte, scheiterte diese Absicht an der verschiedenen Auffassung zum Angestelltenrecht bzw. daran, daß der eine Teil der im Hauptausschuß vertretenen Verbände die Behandlung eines gemeinsamen Angestelltenrechtes im Hauptausschuß nicht für zweckmäßig erachtete. Nachdem dann auch noch der Deutsche Techniker-Verband aus dem Hauptausschuß und seiner geschäftsführenden Siebener Kommission austrat, war die erste Zusammenfassung des größten Teiles der Privatbeamtenverbände ein Torso, dem gewiß ein bestimmter Einfluß auch heute noch nicht abgesprochen werden kann, der aber doch als arbeitsfähiges Organisationsglied in der Privatbeamtenschaft nicht angesprochen zu werden vermag. Kurz nach Ausbruch des Krieges erlebte die Technikerbewegung eine neue überflüssige Spaltung dadurch, daß durch die Entlassung einer Anzahl leitender Beamter des „Bundes der technisch-industriellen Beamten" innerhalb der eigenen Reihen eine Palast-Revolution entfacht wurde, die zur Gründung des neuen „Bundes der technischen Angestellten" im Frühjahr 1915 führte. Als Grund dieser neuen Gründung wurde die Tatsache angegeben, daß der Bund der technisch-industriellen Beamten die Stellenlosenunterstützungen bei Ausbruch des Krieges aufhob; damit soll er gegen die „gewerkschaftlichen Grundlagen" verstoßen haben.

Der Burgfriede hat schon wesentliche Erfolge im Organisationsleben der Privatbeamten reifen lassen und eine Vereinheitlichung der Angestelltenpolitik mit herbeiführen helfen. Die großen führenden Verbände der kaufmännischen Angestellten haben sich unter Vorangang des 58er Vereins, Hamburg, und des Deutschnationalen Verbandes in Hamburg zu einem Friedensvertrag verständigt, während der Werkmeisterverband und der Technikerverband sich zu einer „Arbeitsgemeinschaft technischer Verbände" zusammengefunden haben. Zweifellos geht die letztere Arbeitsgemeinschaft viel weiter, als die Friedensverträge der Handlungsgehilfen. Angeschlossen haben sich bisher dem Friedensvertrage der 58er Verein, der Deutschnationale Verband, der Leipziger Verband und der Deutsche Verband Kaufmännischer Vereine Frankfurt a. M. Zweck und Ziel dieses Vertrages ist, die früher vorhanden gewesenen Feindseligkeiten als erledigt zu betrachten und „die künftigen Auseinandersetzungen so zu führen, daß der Boden der Sachlichkeit nicht verlassen wird, damit das Gemeinsamkeitsgefühl der deutschen Handlungsgehilfen als Glieder eines Volkes und eines Standes nicht verloren geht". Das Gemeinsamkeitsgefühl des deutschen Volkes soll durch diesen Vertrag der Handlungsgehilfenbewegung dauernd erhalten bleiben. Abgesehen davon, daß bei der Durchführung der Kaufmannsgerichtswahlen der bisher herrschende Streit nach Möglichkeit eingeschränkt wird, bringt also dieser Friedensvertrag keine Arbeitsgemeinschaft. Immerhin erklären sich die Verbände bereit, miteinander „von Fall zu Fall zwecks gleichmäßigen Vorgehens auf nicht strittigem sozialen Gebiete Verhandlungen zu führen und Vereinbarungen zu treffen". Dieser Satz weist in die Zukunft, und er wird hoffentlich Veranlassung geben, daß aus diesem Friedensvertrage, dessen Wert zunächst nicht überschätzt werden darf, eine Arbeitsgemeinschaft der kaufmännischen Verbände entsteht.

Bestrebungen nach Vereinheitlichung sind also durchaus vorhanden, ja es sind sogar schon erfreuliche Erfolge festzustellen. Es dürfte kein Zweifel bestehen, daß unter den Mitgliedern aller Verbände die Sehnsucht nach gemeinsamer Arbeit während des Krieges gewachsen ist. Warum sollte also die gewünschte Vereinheitlichung der Privatbeamtenbewegung nicht möglich sein?

Der Außenstehende mag sich verwundert fragen, warum ein Stand, wie der Privatbeamtenstand, so viele kleine und große Organisationen besitzt, die sich gegenseitig befehden, statt im Interesse einer erfolgreichen Standespolitik gemeinsam zu arbeiten. Die historische Entwicklung hat nun einmal die Vielseitigkeit geschaffen und ohne Vertiefung der Erkenntnis der Notwendigkeit gemeinsamer Arbeit wird wohl eine Verbesserung nicht leicht erzielt werden können. Gerade diese Absicht verfolgt ja diese Schrift. Was also trennt denn nun eigentlich die Privatbeamtenorganisationen voneinander? Es sind drei Fragen, die bisher jedenfalls trennend gewirkt haben:

1. die Frage, ob die Angestelltenverbände auch Arbeitgeber aufnehmen dürfen,
2. ob Arbeitnehmerpolitik oder Standespolitik getrieben werden soll,
3. ob sich eine organisatorische Zusammenfassung mit der Arbeiterschaft empfiehlt.

Gewerkschaft oder Berufsverein.

In den ersten zwei Fragen sind die Streitrufe „hie Parität, hie Gewerkschaft", „hie Harmonieverband", „hie Gewerkschaft" eingeschlossen. In der letzten Frage zeigt sich der Ausläufer der Bestrebungen, der auch politisch sich bemerkbar gemacht hat und darauf hinauszielt, die Angestelltenverbände in eine politisch organisatorische Zusammenarbeit mit der politisch organisierten Arbeiterschaft zu bringen. Das Problem Angestellten- oder Arbeitsrecht kommt ebenfalls zum Vorschein. Hier findet auch der Kampf um die eigene Privatbeamtenversicherung oder Anschluß an die Invaliden-Versicherung seine Erklärung. Wir rühren also an die

2*

Grundlagen des Organisationslebens der Privatbeamten. Deshalb einige ausführlichere Worte über die zur Erscheinung tretenden Schwierigkeiten. Die Frage 1 hat eigentlich nur Bedeutung für die kaufmännischen Verbände, weil ein Teil der Handlungsgehilfen noch selbständig zu werden vermag und selbständig geworden an dem früheren Verbande noch so viel Interesse nimmt, Mitglied bleiben zu wollen. Aber eigentlich ist diese Frage in den letzten Jahren nur von agitatorischer Bedeutung gewesen. Von einem entscheidenden Einfluß der Arbeitgeber-Mitglieder in rückschrittlichem Sinne konnte seit langem keine Rede mehr sein. Die sozialpolitischen Forderungen und die Taktik der in Frage kommenden Organisationen haben diese Befürchtung in der Praxis längst widerlegt. Dabei muß noch betont werden, daß ein Prinzipal (Arbeitgeber), der an einem Angestelltenverbande durch seine Mitgliedschaft noch Interesse bezeugt, wohl kaum „reaktionär" gesinnt sein kann. Auch zahlenmäßig ist die Arbeitgebermitgliedschaft so gering geworden, daß selbst, wenn die Mehrzahl der Prinzipalsmitglieder rückschrittlich gesinnt wäre, von einer Einwirkung auf Richtung und Tempo des einzuschlagenden sozialen Weges nicht gesprochen werden kann. Es sei nur des Beispieles wegen darauf hingewiesen, daß von dem als paritätische Organisation oder als Harmonieverein verschrienen 58er Verein, der insgesamt vor Ausbruch des Krieges 130 000 Mitglieder zählte, nicht viel über 100 *stimmberechtigte*, d. h. vollberechtigte Prinzipalsmitglieder besaß. Die zweite Frage ist von grundsätzlicher Bedeutung, ebenso die dritte Frage: ob die Privatbeamtenorganisationen Arbeitnehmerpolitik oder Standespolitik treiben sollen, ob sie sich im Anschluß an die Organisationen der Arbeiter zusammenschließen sollen oder nicht. Hier spielen die gesellschafts-politischen Gesichtspunkte mit, die in ihrer Bedeutung für die Angestelltenpolitik nicht verkleinert werden dürfen.

Zunächst sei einmal festgestellt, daß von allen Seiten die Verschwendung der Organisationskräfte, die bisher getrieben worden ist, bedauert wird, daß die Schädigung des Standesansehens bei Regierungen, bei der Öffentlichkeit, der Arbeitgeberschaft durch den Kampf in den eigenen Reihen zugegeben wird, daß eine finanzielle Vergeudung durch Drucksachen, Reden, durch den Hochdruck bei der Kleinarbeit nicht angezweifelt wird. Die Notwendigkeit des Zusammenschlusses zu gemeinsamer Arbeit wird gewünscht und erscheint begründet, begründet dadurch, daß die wirtschaftliche Lage der Angestelltenschaft nach dem Kriege erfolgreiches Handeln verlangt, daß ferner infolge des Fehlens eines starken politischen Einflusses nur durch gemeinsames Handeln Erfolge zu erzielen sein werden. Sollte bei dieser Sachlage nicht wirklich nur ein Mangel an gutem Willen herrschen? Was uns trennt, ist die Frage, ob die „gewerkschaftliche" Organisationsform oder die des Berufsvereins, ob Standesarbeit auf mittelständischer Grundlage oder Arbeitnehmerpolitik schlechthin getrieben werden soll. Ist hier eine Verständigung wirklich so schwer, ja ist sie unmöglich? Gewiß diejenigen Verbände, die in einer politischen und organisatorischen Abhängigkeit oder mindestens in Fühlung mit der Sozialdemokratie stehen, werden für die große Mehrheit der Angestelltenorganisationen nur von Fall zu Fall verhandlungsfähig bleiben. Es gibt daneben aber auch politisch unabhängige Verbände, die zu einer gemeinsamen Arbeit noch gewonnen werden können. Und nun, was heißt gewerkschaftliche Organisationsarbeit? Reine Arbeitnehmerpolitik! Ja, treiben denn die Berufsvereine nicht auch in wirtschaftlicher Beziehung reine Arbeitnehmerpolitik? Wollen denn die gewerkschaftlichen Verbände wirklich leugnen, daß diejenigen Privatbeamtenvereine, die nur Standespolitik treiben wollen, nicht aber Arbeitnehmerpolitik in Gemeinsamkeit mit der Arbeiterschaft, daß diese Verbände auf falschen Wegen seien? Ich habe den Eindruck, als ob in dieser Beziehung reichlich viel Theorie getrieben wird. Es soll darin kein Vorwurf liegen; ich will auch den Burgfrieden nicht stören; aber ich kann mich der Auffassung nicht erwehren, daß die allein „seligmachende" gewerkschaftliche Grundlage allzuhäufig nur aus Reklame- und Agitationsrücksichten angepriesen wird. Ich kann mir nicht denken, daß die Mitglieder auch der „gewerkschaftlichen" Verbände, die sich als solche heute mit Stolz ausgeben, nicht wünschten, daß ihre Vereine rücksichtslose Standespolitik treiben und zunächst nur Standespolitik und nicht Arbeitnehmerpolitik. Dann hieße es aber auch die soziale Gliederung unseres Volkes verkennen, zu behaupten, es gäbe keinen Privatbeamtenstand, sondern eben nur einen Arbeitnehmerstand. Gewiß gibt es einen Privatbeamtenstand! Ob er nun „neuer Mittelstand" oder sonstwie genannt wird, ist wirklich gleichgültig. Die unleugbare Tatsache besteht aber, daß sich die Techniker, die Handlungsgehilfen, die Bankbeamten, die Bureauangestellten, wahrscheinlich auch die Gewerbezeichner, sicher der Werkmeister, ferner der Buchhandlungsgehilfe, der Steiger, daß sich alle diese Leute sozial nicht als gewerblicher Arbeiter fühlen, sondern eben als Privatbeamte. Ob sich nun gelegentlich bei dem Einzelnen die politische Stimmung mehr nach der Sozialdemokratie neigt oder nicht, kann außer Betracht bleiben. Die Zusammenwerfung etwa der politischen Gesinnung mit der sozialen Stellung ist grundsätzlich verkehrt. Mir scheint es, als ob sich die agitatorischen Vertreter der sich als

Gewerkschaften bezeichnenden Verbände bewußt oder unbewußt zu sehr um den politischen Einschlag des Wortes Gewerkschaft kümmerten. Mag früher einmal der Streit um Harmonieverband und Gewerkschaft von einer organisatorisch zielgebenden Bedeutung gewesen sein; heute ist er es nicht mehr. Man sollte also die Geste, der alleinige Besitzer der Wahrheit zu sein, nur weil man durch eine radikale Gebärde glaubt agitatorische Vorteile zu erzielen, nach diesem großen Kriege fallen lassen. Es gibt Arbeit genug, die gemeinsam geleistet werden muß. Man sollte sich von jener Seite auch langsam daran gewöhnen, die bestehenden Verbände in ihrer vollen Daseinsberechtigung anzuerkennen. Aller Kampf hat ja doch nicht zum Ziele geführt. Weder hat der Deutschnationale Verband den 58er Verein „vernichten" können, noch hat der Bund der technisch-industriellen Beamten den Techniker-Verband an die Wand zu drücken vermocht. Es ist für alle noch Raum genug. Freilich darüber müssen wir uns klar sein: politische Absichten zu verfolgen, dazu sind die Berufsvereine nicht vorhanden. Die Sozialdemokratie irrt grundsätzlich, wenn sie glaubt, standespolitisch und wirtschaftlich den Privatbeamtenstand in der Arbeiterschaft aufgehen lassen zu können. Das gelegentlich politische Wellen die Stimmen der Privatbeamten Sozialdemokraten zuführen, soll nicht bestritten werden. Ich bezweifle aber, ob diese sozialdemokratischen Wähler auch den Privatbeamtenstand, ihre Berufsvereinsziele innerhalb der Arbeitergewerkschaften aufgehen wissen wollen. Auch die politisch Radikalsten unter ihnen werden doch als Standesangehörige zunächst daran Interesse nehmen, daß ihre Sonderwünsche erfüllt werden, gleichgültig, ob die Arbeiter ihre Sonderwünsche erhalten oder nicht. Als die Sozialdemokratie darauf hinausging, das großindustrielle Beamtentum organisatorisch und politisch sich zu erobern, verfaßte Richard Woldt eine „gewerkschaftliche Studie“ [1]. Darin schrieb der Genannte:

„Bei der ‚Standespolitik‘ der jetzigen Angestelltenführer wird übersehen, daß die Angestelltenbewegung nur eine Teilerscheinung ist in dem großen historischen Umwälzungsprozeß zum Kapitalismus. Es handelt sich um mehr als um die soziale Versorgung des geistigen Industrie-Proletariats, um die Verbesserung dieser oder jener Bestimmung im ‚Dienstvertrag‘ der industriellen Kopfarbeiter; es handelt sich um einen Kampf gegen die privat-kapitalistische Wirtschaftsordnung durch den Sozialismus und zum Sozialismus.“

Hier liegt eben der große Irrtum, der einer von den vielen ist, den die Sozialdemokratie begangen hat. Ich sollte meinen, daß der Krieg Lehrmeister genug geworden ist, um die Falschheit dieser Auffassung bewiesen zu haben. Im übrigen zeugen die Programme auch der gewerkschaftlichen Verbände dafür, daß die Ziele ihrer Politik im Gegensatz zur Arbeiterschaft in „mittelständischer“ Richtung liegen. Die Erfüllung der Standeswünsche ist die Hauptsache. Also, unsere Forderung, die Politik der Angestelltenorganisationen auf „mittelständischer“ Grundlage zu betreiben, wird programmatisch auch von den „Gewerkschaften“ des Privatbeamtenstandes im allgemeinen gefördert. Da man das nicht bestreiten kann, wirft man der anderen Richtung nur vor, sie sei nicht geneigt, ihre Machtmittel oder „die Kraft einer geschlossenen Arbeitnehmer-Solidarität“ gegen die Arbeitgeberschaft auszunutzen. Auch das — man nehme mir diese Kritik

---

[1] „Das großindustrielle Beamtentum“ von Richard Woldt. Verlag H. W. Dietz Nachf., G. m. b. H. 1911. S. 113.

nicht übel — sind doch nur billige Worte. Auch die Gewerkschaft kann nicht mit dem Kopf durch die Wand und unüberwindliche Schwierigkeiten als nicht vorhanden betrachten. Weil wir den Streik nicht als brauchbares Mittel zur Durchsetzung unserer Ziele ansehen und anwenden wollen, sollen wir keine „energischen Standesvertreter“ sein. Schließlich kommt es hierauf hinaus! Welche Mittel hat denn die Gewerkschaft mehr als der Berufsverein, ihre Ziele zu erreichen? Was bei der Arbeiterschaft möglich ist, muß doch nun nicht auch gezwungenerweise bei der Angestelltenschaft und ihrer Politik angewandt werden. Dabei ist nicht uninteressant, daß selbst Vertreter der Gewerkschaften häufig genug vom „sozialen Standesniveau“ sprechen, ein Beweis doch, daß auch diese Gewerkschaftler öfters das ganz richtige Empfinden haben, daß die Existenz der Privatbeamtenverbände ein Unfug wäre, wenn wir unsere Machtmittel nicht dazu gebrauchen wollten, Standespolitik zu betreiben; wenn wir uns nur dazu berufen fühlten, als letzter Mann im Glied der großen Kette der Arbeitergewerkschaften mitzumarschieren. Ja, vom Standpunkt der letzteren ist es sicher berechtigt, den Versuch zu unternehmen, die Phalanx der rein produzierend tätigen Masse durch Eintritt der mehr verwaltend bzw. organisierend und leitend tätigen Kopfarbeiter in ihre Reihen noch schlagfertiger zu gestalten. Die Angestellten aber haben diese Frage ebenfalls rein nüchtern von *ihrem* Standpunkte aus in bezug auf ihre Zweckmäßigkeit für *ihren* Berufsstand zu prüfen. Warum sollen wir uns nun ausgerechnet nach den Wünschen der Arbeiter richten, wenn wir unsere Sonderabsichten, die durch unsere besondere Lage bedingt sind, zu erreichen suchen? Wenn wir das Arbeitsrecht bekämpfen, geschieht es eben deshalb, weil wir uns keine Vorteile davon versprechen. Als der kleinere Privatbeamtenstand würden wir in der großen Masse der gewerblichen Arbeiter verschwinden. Man denke nur einmal an die Wahlen zu den Gewerbegerichten oder zu ähnlich zu schaffenden sozialen Einrichtungen. Niemals würde der Privatbeamtenstand Vertreter erhalten, wenn nicht besondere Gesetzesbestimmungen getroffen würden, daß er neben der Arbeiterschaft gesondert und besonders wählen kann. Und wie dieses eine Beispiel könnten noch viele angeführt werden. Der private Dienstvertrag mit individueller Gestaltung wird die Grundlage der Existenz der Privatbeamten bleiben. Eine gemeinsame Arbeitsverweigerung ist deshalb ausgeschlossen. Im Handlungsgehilfenstande in noch viel höherem Maße als bei den Technikern und Industriebeamten. Es würde nie möglich sein, die Prokuristen, die Korrespondenten, die Abteilungschefs, die Verkäufer, die Verkäuferinnen und die Hilfsarbeiter zu einer Aktion nicht einmal wahrscheinlich in einer Firma, wieviel weniger in einem ganzen Wirtschaftszweige oder Wirtschaftsgebiete zusammenzuschließen. Gewiß kann gelegentlich in einem Geschäft bei besonders günstigen Verhältnissen ein solcher Versuch gelingen. Er beweist aber auch nicht das Geringste für die allgemeine Anwendbarkeit des Streiks in der Angestelltenbewegung. Wer das nicht einsehen will, hat seine besonderen Gründe. Die Arbeitskraft der Privatbeamten im wirtschaftlichen Leben wird nach verschiedenen Gesichtspunkten bewertet, die teilweise in seiner Person liegen, ob er dem Arbeitgeber persönlich gefällt oder nicht. Der Arbeiter dagegen leistet qualitativ überall dieselbe Arbeit, gleichgültig, ob er in Hamburg, in Berlin oder in Danzig z. B. Maurerarbeit ausführt. Darum kann man auch die Einzelleistungen des Arbeiters und die Arbeitszeit in Tarifverträgen gleichmäßig erfassen und regeln. Beim Privatbeamtenstand ist die Leistung des Chef-Ingenieurs von der des jungen

Zeichners, die Leistung des Bankprokuristen von dem Kontoristen so verschieden, daß für alle diese ein gleiches Arbeitsentgelt nicht festgesetzt werden darf. Damit entfällt aber auch organisatorisch und wirtschaftlich jeder Erfolg eines Streiks.

Wenn das Wesen einer Gewerkschaft darin bestehen soll, die Vertretung reiner Arbeitnehmerinteressen sich zur Aufgabe zu setzen, so ist gewiß ein merkbarer Unterschied zum Berufsverein gegeben, der eben über den Arbeitnehmerinteressen auch noch die allgemeinen Standesinteressen nicht unberücksichtigt lassen will. Aber schließlich hinderte dieser Unterschied allein eine große gemeinsame Arbeit nicht. Auf der anderen Seite ist es natürlich durchaus verkehrt, die Unterschiede absichtlich verringern zu wollen. Wir werden im Angestelltenstande nur dann vorankommen, wenn wir uns an die Grenzen gewöhnen, die von bestimmter Seite mit Bewußtsein gezogen sind. Eine Vertuschung bloß im Interesse einer gemeinsamen Zusammenfassung der Verbände wäre zwecklos, weil dann eine solche Zusammenfassung niemals eine dauernde Arbeitsgemeinschaft werden könnte. Darauf aber kommt es an. Jede Vereinheitlichung, die nicht die Gewähr der dauernden Zusammenarbeit gibt, sollte gar nicht erst versucht werden, weil dann erfahrungsgemäß ein Zusammenkommen überhaupt ausgeschlossen ist. Wer reine Arbeitnehmerpolitik im Anschluß an die organisierten Arbeiter treiben will, mit dem können wir keine erfolgreiche Standespolitik treiben. Hier scheiden sich die Wege. Die „mittelständische“ Grundlage unseres Standes darf nicht verlassen werden, nicht weil politische Absichten — wie man mir unterstellen wird — vorliegen, sondern weil die soziale, kulturelle und wirtschaftliche Eingliederung der Privatbeamten im Volksleben die Notwendigkeit einer selbständigen „mittelständischen" Politik erfordert. Es wäre Sünde gegen die Existenz des Standes selbst, eine andere Auffassung zu vertreten und auf anderer als dieser Grundlage gemeinsame Arbeit aufzubauen. Die klare Erkenntnis dieser Notwendigkeit wird die reinliche Scheidung beschleunigen. Dies liegt dann aber im Interesse einer erfolgreichen zukünftigen Politik nach dem Kriege.

Daß diese Auffassung die der Mehrzahl der Privatbeamten überhaupt ist, zeigt sich übrigens auch in der Zahl der Mitglieder der einzelnen Verbände. Die auf gewerkschaftlicher Grundlage beruhenden Organisationen sind verhältnismäßig nicht groß; jedenfalls sind sie im kaufmännischen Angestelltenstande bedeutungslos. Der Zentralverband der Handlungsgehilfen, welcher der Generalkommission der Gewerkschaften Deutschlands angeschlossen ist, hat im Verhältnis zu den großen kaufmännischen Verbänden eine sehr geringe Mitgliederzahl. Außerdem setzen sich seine Mitglieder zumeist aus einer bestimmten Berufskategorie zusammen, nämlich den in den Konsumgenossenschaften tätigen männlichen und weiblichen Personen. Darüber hinaus hat er jedenfalls keine Bedeutung erlangt. Auch der Versuch des Bundes der technisch-industriellen Beamten, eine „Gewerkschaft" im „Bund der kaufmännischen Angestellten" zu schaffen, schlug bald fehl. Nach nutzloser Opferung einiger Gelder mußte eingesehen werden, daß der neue Bund keine Anhänger finden konnte. Im Jahre 1913 ist er dann auch eingegangen. Bei den technischen Angestellten liegen die Verhältnisse etwas anders, ebenfalls bei den Bankbeamten. Hier sind im Gegensatz zu den alten Organisationen zwei bedeutende Verbände herausgewachsen. Für die technisch-industriellen Beamten der „Bund“, für die Bankbeamten der „Allgemeine Verband“. Es fragt sich nur, ob diese Organisationen bei der Durchsetzung ihrer Ziele erfolgreicher genannt werden dürfen, als die alten Verbände, die sie bekämpfen. Bemerkenswert ist ja auch, daß der auf seine gewerkschaftliche Grundlage bisher so stolze „Bund der technisch-industriellen Beamten“ von seinen eigenen früheren Führern nicht gewerkschaftlich genug empfunden wurde, so daß schon während des Krieges eine Spaltung sich vollzog und ein neuer nun wahrhaft gewerkschaftlicher „Bund der technischen Angestellten“ ins Leben gerufen wurde! Auch dieser Vorgang kann zweifellos die Notwendigkeit der gewerkschaftlichen Grundlage nicht beweisen. Im übrigen bin ich überzeugt, daß die auch in diesen Verbänden organisierten Techniker und Bankbeamten nicht wünschen, daß ihre Organisationen außerhalb des Rahmens einer energischen Privatbeamtenpolitik als Standespolitik rein gewerkschaftliche Arbeitnehmerpolitik treiben sollen.

Der „Standesdünkel“.

Wenn wir zur Begründung unserer Anschauungen auf das vorhandene Standesgefühl und auf den selbstverständlichen Standesegoismus, den jeder gesunde Berufsstand in sich hat, aufmerksam machen, wird uns in Ermanglung besserer Einwände immer vorgeworfen: wir appellierten an den „Standesdünkel“ der Angestellten; wir züchteten Stehkragenproletarier, aber nichts weiter. Langsam ist dieses Lied bereits ein wenig abgegriffen, so daß es nicht mehr wirkt. Ich glaube, hier gilt in sinngemäßer Anwendung das alte Sprichwort von den Trauben, die sauer sein mußten, weil sie zu hoch hingen. Warum sollen wir keine „Standes“politik treiben? Energische Standespolitik treiben heißt doch nicht, ein gelegentliches Zusammenarbeiten mit anderen Arbeitnehmergruppen ablehnen, wenn es die Ziele fördert. Ist die Arbeiterschaft nicht stolz darauf, Arbeiterpolitik zu verfolgen. Und wir Privatbeamte sollen unser Standesgefühl einfach aufgeben, weil andere, die uns aus diesen und jenen Gründen vielleicht lieber in ihren eigenen Reihen sehen würden, darin einen „Dünkel" erblicken können? Mit solchen Anschauungen werden keine Erfolge geschaffen. Man gebärdet sich rein gewerkschaftlich radikal, ohne schließlich im Ernst zu wissen, was für ein Ziel erreicht werden soll. Und wenn wir zehnmal reine Arbeitnehmerpolitik treiben wollten, einen besonderen Stand der Privatbeamten würde es im modernen Staat bis zur Einführung des etwas unsicheren Zukunftsstaates deshalb doch geben.

Aussichtslosigkeit des Streikes.

Und schließlich nun noch ein Wort zu der Aussichtslosigkeit des Streikes. Seitdem infolge des Vorgehens der Arbeitergewerkschaften auch die Arbeitgeber sich zu mächtigen Verbänden zusammengeschlossen und sich Streik-Versicherungskassen geschaffen haben, ist der Erfolg eines Streikes immer unsicherer geworden. Die letzten großen Arbeitseinstellungen sind deshalb in Deutschland wenigstens auch immer mit einem ungeheueren Verlust an volkswirtschaftlicher Kraft beigelegt worden. Und wir Privatbeamte? Sollten wir aus diesen Vorkommnissen nicht die notwendige Lehre ziehen? Zweifellos ist, daß vorläufig im Kaufmannsstande jedenfalls große Arbeitgebervereinigungen nicht bestehen, diese auch nicht wirtschaftlich und finanziell solche Macht besitzen, wie die Verbände der Industrie. Aber die Folge unseres Vorgehens würde natürlich die sein, daß sich auch in unseren

Kreisen die Arbeitgeber fester zusammenschließen würden. Abgesehen aber davon, gesetzt einmal den Fall, die großen Handlungsgehilfenverbände würden eine Arbeitsverweigerung durchsetzen wollen. Wer soll dann die Kosten für die streikenden Handlungsgehilfen aufbringen? Mit den Beiträgen, die den Organisationen heute zufließen, wäre der Unterhalt von tausenden Familien einfach unmöglich. Es müßten ganz andere Beiträge erhoben werden, um eine solche Politik sachlich auch nur mit einiger Aussicht auf Erfolg beginnen zu können. Vielleicht bedenken die Anhänger des Streikes in der Angestelltenbewegung auch einmal diese rein finanzielle Wirkung, bevor sie weiterhin die Notwendigkeit und Zweckmäßigkeit der Anwendbarkeit aller gewerkschaftlichen Mittel in der Angestelltenbewegung predigen.

Ich fasse also zusammen, auf der einen Seite stehen diejenigen Wünsche, die als Ziel die Schaffung eines gesellschaftlich und sozialpolitisch geschlossenen Standes auf mittelständischer Grundlage verfolgen, auf der anderen Seite sehen wir Forderungen, die von den Privatbeamten als nur einem Gliede des allgemeinen Arbeitnehmertums ausgehen. Bei dieser grundsätzlichen trennenden Meinungsverschiedenheit dürfte demnach eine restlose Zusammenfassung der organisierten Kräfte des Privatbeamtenstandes nicht möglich sein. Daneben scheiden vorläufig auch noch andere Auffassungen über Standesfragen, die meines Erachtens aber wohl in irgendeiner Form überbrückt werden können. Hierbei handelt es sich in der Hauptsache um die verschiedentliche Beurteilung:

1. der zweckmäßigsten Gestaltung der Arbeitsvermittlung,
2. um die Stellung zur Frauenfrage,
3. um die Zweckmäßigkeit der Verquickung der Angestelltenpolitik mit völkischen Forderungen.

Der Arbeitsnachweis.

Die *Arbeitsvermittlungsfrage* ist heute bereits in ein Stadium gekommen, das günstige Aussichten gemeinsamer Arbeit zuläßt. Ja, es ist zu hoffen, daß die Verständigung in der Arbeitsnachweisfrage ein neuer fester Kitt wird auch zu dauernder gemeinsamer Arbeit zu mindestens der großen kaufmännischen Verbände. Die beiden Gruppen, Techniker und kaufmännische Angestellte, sind auch unter sich selbst hier uneinig. Der eine Teil wünscht die öffentlich-rechtliche Organisierung der Arbeitsvermittlung, während der andere die Stellenvermittlung in eigener Hand behalten will und gegen die öffentlich-rechtliche Gestaltung angeht. Die Techniker sind sich mit den Werkmeistern, Bureaubeamten, dem Allgemeinen Bankbeamtenverband, auch mit einem kleinen Teil der Handlungsgehilfenverbände darin einig, daß sie den öffentlich-rechtlichen Arbeitsnachweis mit paritätischer Verwaltung für die beste Form der Arbeitsvermittlung halten. Die Gründe, die für diese Stellungnahme angeführt werden, brauchen hier nicht erörtert zu werden. Der Verein für Handlungskommis von 1858 in Hamburg, der den größten Teil der kaufmännischen Stellen bisher vermittelte und der eifrigste Vertreter der Verbandsnachweise war, hat neuerdings einen Vorschlag gemacht, der grundsätzlich die Zustimmung fast aller Privatbeamtenverbände gefunden hat. Der 58er Verein schlägt im Interesse einer gemeinsamen, zukünftigen Arbeit vor, die *eigenen Stellenvermittlungen der verschiedenen Vereine in eine gemeinsame umzuwandeln und in den verschiedenen Landesteilen gemeinsame Zentralen zu errichten.* Dabei ist, den gegebenen Verhältnissen entsprechend, vorausgesetzt, daß die einzelnen Gruppen der Privatbeamten auf eigener Grundlage ihren Arbeitsnachweis aufbauen. Der Plan ist so gedacht, daß für zusammenfaßbare Wirtschaftsgebiete Bureaus errichtet werden, die von einem zentralen Ausschuß der beteiligten Verbände geleitet sind. An diese Bureaus hätten sich alle Stellesuchenden des Bezirkes zu wenden, die auch alle offenen Stellen des Gebietes zur Bearbeitung erhalten. Der Vorschlag hat deshalb auch die Zustimmung der bisher gegnerischen Vereine gefunden, weil die Errichtung öffentlich-rechtlicher Arbeitsnachweise zunächst nur auf kommunaler oder provinzieller Grundlage erfolgen kann, die Gemeinden, Städte und Provinzen aber gerade infolge des Krieges finanziell kaum in größerer Zahl an die Errichtung der gewünschten Arbeitsnachweise herangehen können. Es kommt hinzu, daß mindestens die maßgebenden kaufmännischen Verbände die Auffassung vertreten, daß für die Vermittlung der kaufmännischen Angestellten der entsprechend organisierte Verbandsnachweis der bessere sei. Wieweit es möglich sein wird, in dieser Beziehung eine gemeinsame Arbeit sicherzustellen, wird die nächste Zukunft lehren. Es ist aber zu hoffen, daß eine zweckmäßige Form gemeinsamer Arbeit auf diesem Gebiete gefunden werden kann, so daß auch dieser Stein des Anstoßes beseitigt ist.

Die Frauenfrage.

Die Frauenfrage ist für die technischen Verbände von geringerer Bedeutung, wenn auch zugegeben werden muß, daß infolge des Krieges ein Eindringen der Frauenarbeit in die technischen Bureaus im größeren Umfange als bisher stattgefunden hat. Bei den kaufmännischen Verbänden liegt die Sache so, daß ein Teil, nämlich die nach der gewerkschaftlichen Seite hinneigenden, eine gemeinsame Organisierung von Männern und Frauen durchgeführt haben, also auch die Bekämpfung der Frauenarbeit von anderen Gesichtspunkten aus beginnen als die großen Verbände. Diese vertreten nun unter sich wieder verschiedene Maßnahmen. Der eine wünscht die Erschwerung des Eintrittes der Frauen in das Handelsgewerbe durch obligatorische Lehrzeitverpflichtung und durch Besuch von Fortbildungsschulen; die anderen wollen den Zudrang der Frauen zum Handelsgewerbe durch Errichtung von Haushaltungsschulen eindämmen, und wieder andere suchen in der Verquickung beider Forderungen zum Ziele zu gelangen. Grundsätzlich ist sich die Mehrzahl darüber einig, daß in irgendeiner Form die lohndrückende Frauenarbeit auf ein denkbares Mindestmaß zurückgedrängt werden muß, und da der Krieg eine bedeutende Vergrößerung der weiblichen Arbeit im Handelsgewerbe geschaffen hat, die Not also auf den Nägeln brennt, wird wohl auch hier eine gemeinsame Stellungnahme erzielt werden können. Erwähnenswert ist, daß die eine Gruppe der Privatbeamten, die kaufmännischen Angestellten, in dieser Frage schon ziemlich gemeinsam aufgetreten sind und an die Bundesregierungen und Handelskammern gleichlautende Forderungen in einer gemeinsamen Eingabe aufgestellt haben. Freilich galt dies ja nur für die Beseitigung der Frauenkonkurrenz für die Kriegsteilnehmer. Immerhin ist dies ein Vorgang, der auch die Vertretung gemeinsamer Forderungen für die Frauenfrage schlechthin mit Bestimmtheit erhoffen läßt.

Völkische Forderungen.

Wieweit schließlich eine Verquickung der Privatbeamtenbewegung mit völkischen Forderungen aufrechterhalten werden kann, muß abgewartet werden. Zunächst trifft diese Verquickung auch nur bei einem Verbande zu, so daß eine große Arbeitsgemeinschaft nicht gefährdet zu werden braucht.

Der politische Einfluß.

So sind mit den notwendigen Einschränkungen die Voraussetzungen zukünftiger gemeinsamer Arbeit des größten Teiles der Verbände durchaus gegeben. Nachdem der Krieg einen großen Teil des historisch aufgehäuften Kampfmaterials erfreulicherweise beseitigt hat, und die allgemeine Stimmung zu einer Vereinheitlichung der Kräfte drängt, ist es Zeit, an die Gestaltung der gemeinsamen Arbeit zu gehen. Dazu veranlaßt uns wohl auch die Überzeugung, daß die neue Zeit nach dem Kriege, in der die Neuorientierung der inneren deutschen Politik vorgenommen werden soll, uns auf der Hut finden muß, damit auch wir Erfolge einzuheimsen in der Lage sind. Gerade der Privatbeamtenstand ist, da die Gesetzwerdung programmatischer Forderungen auf politischem Gebiete ausgeführt wird, vor besondere Schwierigkeiten gestellt. Während die Arbeiterschaft politisch in der Sozialdemokratie eine starke parlamentarische Vertretung besitzt, die Arbeitgeber infolge ihrer finanziell größeren Mittel auch bei den übrigen Parteien wesentlichen Einfluß besitzen, sind in den gesetzgebenden Körperschaften die Privatbeamten ohne Macht; sie können nur durch Eingaben und Petitionen auf die gesetzliche Gestaltung ihrer Sonderwünsche hinwirken. Durch das Reichstagswahlrecht ist der zahlenmäßig nicht allzu starke Privatbeamtenstand machtlos. Berufsvertreter wird er durch eigene Kraft allein nirgends durch-

3*

setzen können, und wenn schon dieser oder jener gewählt werden könnte, so ist er im Reichstage doch immer von den 397 Stimmen nur eine, die für die Fraktionsbeschlüsse und für die Entscheidungen des Reichstages keineswegs von ausschlaggebender Bedeutung ist. Dabei will ich nicht gegen die politisch neutrale Organisationsform des Privatbeamtenstandes sprechen. Ich will damit auch nicht gesagt haben, daß das Reichstagswahlrecht nun nach berufsständischer Richtung abzuändern wäre. Nur auf die politischen Schwierigkeiten soll aufmerksam gemacht werden, die des Privatbeamtenstandes bei der gesetzlichen Gestaltung seiner Standeswünsche harren. Sind zukünftig die großen Organisationen einig, so können sie zweifellos auf Regierung und Reichstag, auch auf die öffentliche Meinung einen viel stärkeren Druck ausüben als bisher. In vielen Wahlkreisen, vor allem aber bei städtischen Wahlen, werden die Privatbeamten das Zünglein an der Wage bilden, das für die Wahl dieses oder jenes Kandidaten ausschlaggebend ist. Bisher fragten wohl die einzelnen Verbände gelegentlich der Reichstagswahl die Kandidaten nach ihrer Stellung zu den Vereinsprogrammen. Wenn in dieser Beziehung ein geschlossenes Vorgehen von Fall zu Fall erlangt werden kann, wird viel erreicht sein. Auf diesem Wege kann wenigstens in etwas die politische Machtlosigkeit des Standes ausgeglichen werden. Auch dies ist ein Grund mehr, mit der alten Zerfahrenheit aufzuhören und gemeinsame Erfolge erzielen zu suchen.

Vorschläge zur Gestaltung gemeinsamer Arbeit.

So ist meines Erachtens die Möglichkeit gekommen, zu beraten, wie eine Vereinheitlichung der organisatorischen Kräfte gestaltet werden kann. Gelegentlich wird wohl bei allen Verbänden von Mitgliedern der Gedanke der Verschmelzung mit anderen Verbänden angeregt worden sein. Daß dies ein Weg ist, der vorläufig nicht zum Ziele führt, liegt auf der Hand. Man soll nie den zweiten Schritt vor dem ersten tun. Das gilt insbesondere hier, wo allerlei überkommene Stimmungen und Schwierigkeiten erst noch überwunden werden müssen. Im übrigen verträgt zweifellos die Handlungsgehilfenbewegung auch in dieser Beziehung eine Verbesserung. Andererseits ist das Bestehen der verschiedenen Verbände bisher wenigstens insofern gut gewesen, als dadurch die Ausbreitung der Organisationsidee unterstützt wurde. Die Gegenwart scheint mir nicht reif zu sein, Verschmelzungen das Wort zu reden. Es scheint mir erfolgreicher, zunächst einmal die beiden Gruppen, auf der einen Seite die technischen, auf der anderen Seite die kaufmännischen Verbände zusammenzuschließen, nicht aber gleich eine gemeinsame Arbeit aller Privatbeamtenorganisationen in einer neuzuschaffenden Gemeinschaft anzustreben. Innerhalb der beiden großen Gruppen des Privatbeamtenstandes sind doch noch zu verschiedene Kräfte wirksam, um gleich eine festgefügte Arbeitsgemeinschaft aller Verbände erfolgreich erstehen zu lassen. Ich habe vor einiger Zeit einmal die Schaffung einer Art Generalkommission der Privatbeamtenverbände vorgeschlagen. Nach neueren Verhandlungen scheint es mir doch unzweckmäßig, diesem Gedanken nachzugehen. Ich halte es für besser, wenn sich unter Wahrung der mittelständischen, standespolitischen Grundlagen

1. die Handlungsgehilfenverbände zu einem Arbeitsausschuß vereinigen und
2. die technischen Angestellten ebenfalls einen Arbeitsausschuß bilden.

Daneben sollten beide Gruppen sich in bestimmten Zeiträumen zur Förderung der allgemeinen Standesziele auf kulturellem, wirtschaftlichem und politischem Gebiete zu

3. Privatbeamtentagen

zusammenfinden.

Diese Ausschüsse denke ich mir als ständige Einrichtungen. Sie hätten die Aufgabe, Regierungsvorlagen oder Reichstagsanträge gemeinsam zu beraten und zu bearbeiten, ferner Gesetzesänderungen vorzuschlagen und zu begründen, die den Programmforderungen der einzelnen Verbände entsprechen. Dabei können einstweilen die verschieden beurteilten Dinge ausscheiden, sofern innerhalb der Ausschüsse eine Einigung nicht erzielt werden kann. Die Beratung solcher Gegenstände soll aber jederzeit zulässig sein. Jeder Ausschuß wählt am zweckmäßigsten seinen Vorsitzenden in besonderer Wahl. Die Kosten würden anteilig nach der Mitgliederzahl auf die Verbände umgelegt und aufgebracht.

Den Privatbeamtentag hätten beide Ausschüsse gemeinsam vorzubereiten und einzuberufen. Er hat sich mit allgemeinen Fragen der Standespolitik zu beschäftigen, z. B. Notwendigkeit staatsbürgerlicher Betätigung, Fortführung der Sozialpolitik usw. Die beiden Gruppen hätten vorher zur Vorbereitung des Privatbeamtentages zu einer gemeinsamen Sitzung zusammenzutreten, um die Anträge zu erledigen, durchzuberaten und auf die Tagesordnung zu setzen. Ist eine Einigung über die zu behandelnden Gegenstände nicht zu erzielen, so müßte der Gegenstand vorläufig wieder abgesetzt werden. Die beiden Ausschüsse müßten dieselbe Stimmenzahl besitzen, so daß einer den anderen nicht überstimmen kann.

Bemerkenswert ist ja, daß diesen Vorschlägen ein Teil der technischen Verbände bereits entgegengekommen ist durch die früher genannte Schaffung der „Arbeitsgemeinschaft technischer Verbände“. Der Zweck dieser Arbeitsgemeinschaft ist nach den Veröffentlichungen der Deutschen Technikerzeitung — Heft 1/2, 1916 — die Wahrnehmung der sozialen und wirtschaftlichen Interessen der technischen Angestellten im weitesten Sinne. Dieser Zweck soll erreicht werden durch gemeinsame Vertretung der sozialpolitischen Forderungen der technischen Angestellten, Beeinflussung der Gesetzgebung, Aufklärung und Beeinflussung der Öffentlichkeit im Sinne der Technikerbewegung, statistische Erhebungen, Herausgabe von Literatur, Veranstaltung von Kongressen zur Beratung schwebender Tagesfragen, Beeinflussung der Wirtschaftspolitik im Sinne des Konsumentenschutzes, Unterstützung der gemeinsamen Ziele der angeschlossenen Verbände. Die beratende und beschlußfähige Körperschaft dieser Arbeitsgemeinschaft sollen die Vertretersitzungen bilden, zu welcher die Verbände für die ersten 5000 Mitglieder einen Vertreter, für jede angefangene weitere 10000 Mitglieder einen weiteren Vertreter entsenden.

Ob nun ähnliche oder andere Einzelheiten festgelegt werden, ist den gemeinsamen Beratungen vorzubehalten. Auch kann die Frage offen bleiben, ob sich die Bureaubeamten, die Versicherungsbeamten usw. einem Ausschusse anschließen oder ob sie sich untereinander zusammenschließen. Aber das angeführte Beispiel zeigt die Möglichkeit der Verwirklichung meines Planes. Es kommt alles darauf an, daß die Verbandsleitungen wollen, dann wird es möglich sein, eine wirksame, dauernde, arbeitsfähige Vereinheitlichung der Angestelltenbewegung zu schaffen. Daß diese im Interesse des Standes notwendig, dringend notwendig ist, habe ich nachzuweisen versucht. Wenn ich andererseits nicht einer allgemeinen Zusammenfassung mit verschwommener organisatorisch-standespolitischer Grundlage das Wort rede, geschieht es aus Liebe zu der Vereinheitlichung selbst. Ein Esel und ein Pferd sind kein gutes Gespann; die Zusammenarbeit mit Verbänden, die grundsätzlich auseinanderstreben, weil eine Gruppe zunächst erst immer reine Arbeitnehmerpolitik treiben will und Standesarbeit als Stärkung des Standesdünkels betrachtet, ist ebenfalls auf die Dauer nicht gut möglich. Auch hier wollen wir den Boden der Wirklichkeit nicht verlassen, uns vielmehr mit beiden Beinen fest auf ihn stellen. Diese reinliche Scheidung dient allen Seiten am besten. Ich bin übrigens überzeugt, daß ein offenes Bekenntnis zu einer, wenn es sein muß, rücksichtslosen aber eigenen Standespolitik auch rein zahlenmäßig den Sieg meiner Auffassung bringen dürfte.

Die Vorschläge liegen vor. Keine Zeit ist so geeignet, ernstlich die Verwirklichung derselben einzuleiten und durchzuführen, als die jetzige des Krieges. Wenn die hoffentlich bald beginnende Friedensarbeit nach Niederwerfung von Deutschlands Gegnern die Privatbeamten in der Mehrzahl ihrer Verbände in festgefügten gemeinsamen Organisationen vorfindet, werden die zurückkehrenden Krieger sagen müssen, daß wir die Zeichen der Zeit verstanden und wir uns daheim den Helden draußen würdig erwiesen haben. Darum ist es mein Wunsch, daß die einzuleitenden Verhandlungen bald zum Ziele führen mögen. Wo ein Wille ist, da ist ein Weg!

Druck: Otto Wigand'sche Buchdruckerei G. m. b. H., Leipzig

FSC
www.fsc.org
MIX
Papier | Fördert gute Waldnutzung
FSC® C083411

Kolibri 360 GmbH
Ferdinand-Jühlke-Straße 7
99095 Erfurt, Deutschland
produktsicherheit@kolibri360.de